Brandon Brown quiere un perro

Cover and Chapter Art by
Robert Matsudaira

by
Carol Gaab

ISBN: 978-1-935575-94-8

Fluency Matters, P.O. Box 11624, Chandler, AZ 85248

info@FluencyMatters.com • FluencyMatters.com

A NOTE TO THE READER

This fictitious Comprehension-based™ reader is based on 104 high-frequency words in Spanish. It contains a *manageable* amount of vocabulary and numerous cognates (words that are similar in two languages), making it an ideal first read for beginning language students.

There are two versions of this book under one cover. The past tense version is narrated completely in the past, with dialogue in the appropriate tense. The present tense version is narrated in present tense with dialogue in the appropriate tense.

All vocabulary is listed in the glossary at the end of each version. Keep in mind that many verbs are listed in the glossary more than once, as most appear throughout the story in various forms and tenses. (Ex.: I go, he goes, let's go, etc.) Vocabulary that would be considered beyond a 'novice-low' level is footnoted within the text, and the meanings given at the bottom of the page where each occurs.

The opinions and events in this story do not reflect or represent the opinions or beliefs of Fluency Matters. This novel is intended for educational entertainment only. We hope you enjoy reading it!

Índice

THIS IS THE PAST TENSE VERSION OF THIS BOOK.
TO READ THIS BOOK IN PRESENT TENSE, TURN BOOK OVER AND READ FROM BACK COVER.

Capítulo 1
Brandon quiere un perro

Brandon quería un perro. Quería un perro grande. ¡Quería un perro muy grande! Quería un perro muy grande como Clifford, pero no quería un perro rojo como Clifford. Brandon no quería un perro rojo, quería un perro de un color normal. Quería un perro blanco o un perro negro. ¡Quería un perro grande!

Su hermana, Katie, tenía una rata, pero Brandon no quería una rata. Las ratas son horribles. Brandon no quería una rata horrible. ¡Brandon quería un perro!

Su amiga, Jamie, tenía un hámster, pero Brandon no quería un hámster. Los hámsteres también[1] son horribles. Brandon no quería un hámster horrible. ¡Brandon quería un perro!

Su amigo, Jake, tenía un perro. El perro de Jake era grande y también era inteligente.

[1]*también - also, too*

Brandon quería un perro como el perro de Jake. Quería un perro grande e[2] inteligente.

Los hámsteres no son inteligentes. Las ratas tampoco[3] son inteligentes. Pero los perros sí son inteligentes y ¡Brandon quería un perro inteligente! ¡Quería un perro grande e inteligente!

En el parque, había muchos perros. Brandon vio los perros y exclamó: «¡Yo quiero un perro!». Vio un perro negro y exclamó: «¡Quiero un perro negro!». Vio un perro blanco y exclamó: «¡Quiero un perro blanco!». Vio un perro grande

[2]*e - and (used before a word that starts with 'i' or 'y')*
[3]*tampoco - either, neither*

y exclamó: «¡Quiero un perro grande!». Vio un perro pequeño y exclamó: «Quiero un perro, pero no quiero un perro pequeño. ¡Quiero un perro grande!».

Brandon también vio muchos perros en la televisión. En el canal 20, Brandon vio 'Marley y yo'. Brandon exclamó: «¡Marley es un perro perfecto! Quiero un perro como Marley». En el canal 30, Brandon vio 'Beethoven'. Brandon exclamó con entusiasmo: «¡Quiero un perro como Beethoven!». En el canal Planeta Animal, Brandon vio muchos perros. Vio perros grandes y perros pequeños. Brandon exclamó: «¡Ay, ay, ay! ¡Quiero un peerrrroooo!».

Capítulo 2
¡Perros, no!

– Mamá –dijo Brandon–, quiero un perro. ¡Quiero un perro grande!

– Brandon, un perro requiere mucha responsabilidad –respondió su mamá.

– Sí mamá. Yo soy responsable.

– Brandon, tú solo tienes 8 años. Un perro es una responsabilidad enorme para un niño de 8 años.

– Correcto –le respondió Brandon inteligentemente–. Sí, un perro es una responsabilidad enorme para un niño de 8 años. Pero no es una responsabilidad enorme para un niño de 9 años.

–Ji, ji, ji. Brandon, tú eres muy inteligente –le dijo su mamá.

–Sí mamá. ¡Y también soy responsable!

Brandon tenía 8 años, pero iba a cumplir[1] 9. Su cumpleaños era el 3 de julio. Brandon quería un perro para su cumpleaños. ¡Un perro era un regalo de cumpleaños[2] perfecto!

–Mamá, quiero un perro para mi cumpleaños.

–¿Un perro para tu cumpleaños?

–¡Sí, mamá! –exclamó Brandon con

[1]*cumplir - complete*

[2]*regalo de cumpleaños - birthday present*

entusiasmo–. Quiero un perro grande para mi cumpleaños.

–Brandon, los perros son problemáticos.

–¿Problemáticos? –le dijo Brandon confundido.

–Sí, Brandon. Los perros causan problemas. Son muy problemáticos.

Brandon era muy inteligente. Él consideró el comentario de su mamá y le respondió:

–Mamá, ¿no quieres un perro porque los perros son problemáticos?

–Correcto. No quiero un perro porque los perros son problemáticos, ¡son muy problemáticos! –le respondió su mamá.

–Pero las ratas también son problemáticas. La rata de Katie es problemática y Katie tiene una rata…

–Brandon, las ratas causan problemas pequeños y ¡los perros causan problemas grandes! –le dijo su mamá.

–El perro de Jake no causa problemas. El

perro de Jake es el guardián de la familia. ¡Su perro es fantástico!

La mamá de Brandon estaba irritada. Ella no quería un perro y no quería continuar la conversación. Pero Brandon continuó la conversación con mucho entusiasmo:

–Mamá, yo quiero un perro como el perro de Jake. Quiero un perro grande.

–Los perros grandes causan problemas grandes –le respondió su mamá irritada–. Un perro requiere mucha responsabilidad.

–Mamá, voy a cumplir 9 años. Estoy preparado para la responsabilidad. Yo soy responsable.

La mamá de Brandon no le respondió y Brandon continuó:

–No quiero un Xbox® y tampoco quiero un teléfono celular. Solamente quiero un perro. ¡Por favor, mamá, quiero un perro para mi cumpleaños!

En ese momento, el teléfono interrumpió la conversación. «Drin, drin». Brandon quería continuar la conversación, pero su mamá no. Ella fue por el teléfono y dijo: «¿Aló?...» en el teléfono. Ella ignoró a Brandon y Brandon no estaba contento. ¡Realmente quería un perro!

Capítulo 3
Un perrito para Brandon

Brandon se fue en su bicicleta.

–Adiós, Brandon –le dijo su mamá–. Regresa a las 8:00 p.m.

–Ok, mamá. Regreso a las 8:00. Adiós.

Brandon le dijo «adiós» a su mamá y se fue a la casa de Jake. Vio a su amigo y a su perro,

Tigre, en frente de la casa.

– Hola Jake. Hola Tigre –les dijo Brandon.

– Hola Brandon –le respondió Jake.

Tigre saltó y exclamó: «¡guau, guau!» con entusiasmo. Brandon estaba impresionado y dijo:

– ¡Uau! ¡Tigre es muy inteligente!

– Sí –respondió Jake–. Tigre es un perro muy inteligente.

– ¿Tigre causa problemas?

– No, no causa problemas –le respondió Jake, curioso.

– Mi mamá dice que los perros causan muchos problemas.

– ¡Falso! No todos los perros causan problemas. Tigre no causa problemas. ¡Es un perro perfecto! –le dijo Jake.

– ¡Quiero un perro como Tigre! –exclamó Brandon.

Los dos niños se fueron al parque en sus bicicletas.

– ¡Guau guau! –dijo Tigre.

– Adiós, Tigre –le respondió Brandon.

Capítulo 3

En el parque, había muchas personas y también muchos perros. Brandon y Jake vieron perros grandes y perros pequeños. Ellos pasaron por el parque en sus bicicletas. De repente un perrito pasó frente a ellos. Brandon vio al perrito y exclamó:

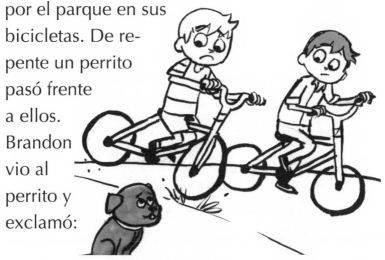

–¡AY! ¡Un perrito!

El perrito tenía un collar amarillo. Brandon recogió al perrito y le dijo:

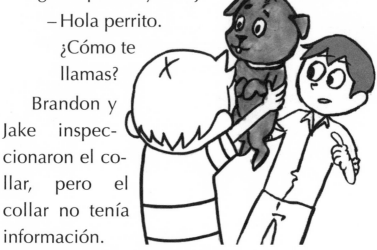

–Hola perrito. ¿Cómo te llamas?

Brandon y Jake inspeccionaron el collar, pero el collar no tenía información. No tenía un nombre[1] ni tenía un número de teléfono.

–Su collar no tiene un nombre –dijo Brandon.

–Tampoco tiene un número de teléfono –dijo Jake.

–Oooo...¿Dónde está tu mamá? –le preguntó Brandon al perrito.

[1]*nombre - name*

Los dos niños observaron los perros en el parque. Observaron perros grandes y observaron perros pequeños, pero no vieron a la mamá del perrito. Brandon y Jake pasaron 30 minutos con el perrito. Entonces, Brandon exclamó:

–Ya son las 7:45. ¡Vámonos[2]!

–¿Y el perrito? –le preguntó Jake–. ¿No vas a llevarlo a casa?

–¿A llevarlo… a mi casa? –le respondió Brandon sorprendido.

–¡Sí! –insistió Jake–. ¡Llévatelo[3] a casa!

Brandon realmente quería llevarlo a casa, pero estaba nervioso. Su mamá no quería un perro.

–Brandon, ¿quieres un perro o no? –le preguntó Jake irritado.

–Aaa… sí… pero mi mamá, no… –le respondió Brandon nervioso.

[2]*vámonos - let's go, let's get going*

[3]*llévatelo - take it with you*

–Brandon, ¡llévatelo! –interrumpió Jake–. Tú no tienes un perro y este perrito no tiene un niño. Es una situación perfecta. ¡Llévatelo! –exclamó Jake.

Al final, Jake persuadió a Brandon. Brandon decidió llevar al perrito a casa. Decidió llevarlo… en secreto. Brandon recogió al perrito y nervioso, se fue en su bicicleta.

Brandon regresó a casa a las 7:59 p.m. Entró a la casa silenciosamente. No vio a su hermana. Tampoco vio a su mamá, ni a su papá. Rápidamente, Brandon llevó al perrito a su dormitorio. ¡Estaba muy nervioso!

– Braaaandon –le llamó su mamá–. ¿Dónde estás?

– En mi dormitorio –respondió Brandon nervioso.

– ¿Estás bien? –le preguntó su mamá curiosa.

– Sí, mamá –le respondió Brandon–. Estoy muy bien. Ji ji ji.

Brandon cerró la puerta de su dormitorio, observó a su perrito y estaba muy, muy contento.

Capítulo 4
El perrito de Brandon

Brandon llevó a su perrito a la cama. El perrito se durmió rápidamente. Brandon también se durmió rápidamente. Los dos durmieron y estaban muy contentos.

A las 5:00 de la mañana, el perrito hizo ruidos[1] y Brandon se despertó. Brandon observó a su perrito. El perrito hacía ruidos, pero no se despertaba. El perro hacía ruidos y dormía.

Brandon observó a su perrito y estaba muy

[1]*ruidos - noises*

contento. Continuó observándolo unos minutos y entonces se durmió de nuevo.

A las 7:00 de la mañana, el perrito hizo ruidos de nuevo. El perrito se despertó y Brandon también se despertó. Brandon observó a su perrito y vio que ¡la cama estaba mojada[2]! Brandon inspeccionó la cama y vio que estaba ¡muy mojada! La pijama de Brandon también estaba mojada. ¡Qué problema! Brandon saltó de la cama y exclamó:

– ¡Ay, ay, ay! El perrito se hizo[3] pipí en la cama.

[2]*mojada - wet*
[3]*se hizo - he made*

El perrito observó a Brandon e hizo ruidos. ¡Hizo muchos ruidos! «Mmm... guau, guau».

–¿Quieres comer?... ¿quieres cereal? –le preguntó Brandon.

En realidad, Brandon quería cereal. Él recogió a su perrito, lo llevó al clóset y cerró la puerta del clóset. «Mmm... guau, guau... mmm». El perrito hizo ruidos y Brandon le dijo:

–Sshhh. Voy por cereal. Regreso pronto[4].

Brandon fue por cereal. Él cerró la puerta de su dormitorio porque el perrito estaba haciendo mucho ruido. Brandon estaba nervioso. No quería que el perrito despertara a la familia. Rápidamente, Brandon recogió el cereal y lo llevó a su dormitorio.

[4]*pronto - soon*

Su mamá lo observó y fue al dormitorio de Brandon para investigar. Ella entró a su dormitorio. Brandon la vio y estaba muy nervioso porque el perrito estaba haciendo mucho ruido. Brandon tenía una solución: Él hizo ruidos como un perrito:

–Mmmm... guau, guau –dijo Brandon.

–Brandon, ¿por qué haces ruidos como un perrito? –le preguntó su mamá.

–Porque quiero un perro. Ji, ji, ji. Yo soy un perro. Mmmm... mmm –le respondió Brandon.

–Ji, ji, ji. Brandon, tú tienes una imaginación activa.

La mamá de Brandon no notó los ruidos del perrito, pero sí notó que la cama estaba mojada. Fue a la cama para inspeccionarla y notó que ¡estaba muy mojada!

–Brandon –exclamó su mamá sorprendida–, ¿te hiciste pipí en la cama?

Brandon estaba nervioso. Él no quería con-

fesar que había un perrito en el clóset. Quería inventar una explicación perfecta, pero no había. Así que Brandon le respondió con voz[5] de perrito:

–Ah… mmm… guau, guau… Sí, mamá.

– Ooohhh –le dijo su mamá con voz calmada–. Muchos niños tienen accidentes. Es normal.

Brandon tenía vergüenza[6]. Él admitió que se hacía pipí en la cama a los 7 años, pero ahora no se hizo pipí. ¡Él ya no se hacía pipí en la cama! Brandon no quería decir que se hizo pipí,

[5]*voz - voice*

[6]*tenía vergüenza - he had embarrassment (he was embarrassed)*

pero tampoco quería confesar que tenía un perrito en el clóset. El perrito hacía muchos ruidos, así que Brandon también hizo muchos ruidos.

–Mmmm... mmmm... mmm –dijo Brandon con mucha vergüenza.

En ese momento, hubo otro ruido en la casa... «Drin, Drin». Era el teléfono. Su mamá fue por el teléfono y rápidamente, Brandon cerró la puerta de su dormitorio. Él fue al clóset para recoger a su perrito. Cuando lo recogió vio que el perrito también se hizo pipí en el clóset. ¡Ay, ay, ay!

Capítulo 5
Capitán Brandon

Brandon estaba en su dormitorio. Él decidió que no iba a salir de su dormitorio en todo el día. No iba a salir porque no quería abandonar a su perrito. Quería estar con su perrito todo el día.

Brandon tenía una imaginación activa. Hizo una fortaleza y se imaginó que él era el capitán

de la fortaleza y el perrito era el perro guardián de la fortaleza. En realidad, su perrito no guardaba la fortaleza. Su perrito dormía. ¡Dormía mucho!

A las 12:00 p.m., la mamá de Brandon lo llamó:

–Braaaandon, Kaaaatie… ¿Quieren comer?

–Sí, mamá –le respondió la hermana de Brandon.

Brandon quería comer, pero no quería comer con su hermana; quería comer con su perrito en su dormitorio. Él le dijo a su mamá:

– Mamá, quiero comer en mi dormitorio. Quiero comer en mi fortaleza. ¿Está bien?

–Ji, ji, ji... Está bien, Brandon, tienes una imaginación activa.

–Yo quiero comer con Brandon en su fortaleza –le dijo Katie a su mamá.

¡Ay, ay, ay! Brandon no estaba contento. No quería comer con su hermana. ¡No quería que su hermana viera[1] a su perrito! ¡Su perrito era un secreto!

–Mamaaaaá –dijo Brandon irritado–, no quiero comer con Katie. Quiero comer solo. Soy el capitán de la fortaleza y el capitán no come con niñas.

[1]*no quería que viera - he didn't want her to see*

–Está bien, Capitán –le dijo su mamá.

Katie comió con su mamá y Brandon comió con su perrito en su fortaleza. No salió de su dormitorio en todo el día.

A las 6:00 p.m., el papá de Brandon regresó a la casa y la mamá llamó a Katie y a Brandon de nuevo:

–Braaaandon, Kaaaatie… Papá ya está en casa. ¿Quieren comer?

Katie fue para ver a su papá, pero Brandon no. Brandon no salió de su dormitorio. No quería abandonar a su perrito, así que llamó a su mamá:

–Mamaaaaá, quiero comer en mi fortaleza.

–No, Brandon. Tú vas a comer con la familia –le dijo su mamá con voz firme.

–Pero mamaaaá, soy el capitán –le dijo Brandon irritado.

–Y tu papá es el presidente. Tú vas a comer con el presidente. Ji, ji, ji.

Brandon recogió a su perrito y salió de su

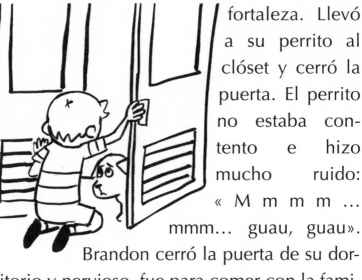

fortaleza. Llevó a su perrito al clóset y cerró la puerta. El perrito no estaba contento e hizo mucho ruido: « M m m m … mmm… guau, guau». Brandon cerró la puerta de su dormitorio y nervioso, fue para comer con la familia.

Brandon no comió mucho porque estaba nervioso. El perrito estaba haciendo mucho ruido: «Mmm… mmm… guau, guau». Brandon también hacía ruidos de perrito: «Mmmm… guau, guau… mmm».

–Brandon, ¿por qué haces ruidos como un perrito? –le preguntó su papá curioso.

–Ji, ji ji… Porque Brandon es un perro – le respondió su mamá.

–Ja, ja, ja ¡Qué imaginación! –exclamó su papá.

–Brandon tiene una imaginación de bebé –dijo Katie irritada.

En ese momento, el perrito hizo un ruido muy fuerte: «Mmm…. Guau… guau». Rápidamente, Brandon imitó al perro y también hizo un ruido muy fuerte: «Mmm…. Guau… guau». Los dos continuaron haciendo ruidos fuertes: «Mmmm… guau… mmmm… mmmm… guau».

– ¡Ya, Brandon! No más. No más ruidos, ¡por favor! –le dijo Katie irritada.

–Mmm... Quiero regresar... mmm... a la fortaleza... guau... por favor, mamá –le dijo Brandon con voz de perrito.

–¡Sí, por favor! –exclamó Katie–. ¡Regresa a la fortaleza!

–Está bien, Capitán –le dijo su mamá–. Regresa a la fortaleza. Ji, ji, ji.

Rápidamente, Brandon regresó a su dormitorio, haciendo ruidos de perrito para confundir a su familia. Ellos no tenían ni idea de que había un perrito en el dormitorio de Brandon. No tenían ni idea de que un perrito real también hacía ruidos. Brandon cerró la puerta de su dormitorio y se dijo: *«Mmm... guau... ji, ji, ji»*.

Capítulo 6
Un secreto problemático

Brandon recogió a su perro del clóset y lo llevó a la fortaleza. Entraron en la fortaleza y pronto, hubo un ruido. Brandon salió de la fortaleza para investigar el ruido. Vio a Jake por la ventana.

–¿Cómo está el perrito? –le preguntó Jake.

–¡Increíble! –le respondió Brandon.

Jake pasó por la ventana y entró al dormitorio de Brandon. Jake era muy cómico y normalmente entraba por la ventana.

Los dos entraron en la fortaleza. Jake vio al perrito y le dijo:

–Hola... aaaa... perrito. Brandon, ¿cómo se llama tu perrito? –le preguntó Jake

con curiosidad.

–Aaaa… se llama… aaa… Se llama… ¡Denver!

–Hola, Denver –le dijo Jake al perrito.

– Mmm… mmm –dijo el perro.

– Ji, ji, ji. Denver es muy inteligente –dijo Jake.

Ahora el perro no hacía ruidos. Solo dormía. Jake y Brandon recogieron unas figuras militares y se imaginaron que estaban guardando la fortaleza. Estaban contentos.

De repente, la mamá de Brandon entró al dormitorio. ¡Qué pánico! Brandon salió rápidamente de la fortaleza.

–¿Sí, mamá? –le preguntó Brandon con pánico.

–Capitán, ¡a dormir!

–Ok, mamá –le dijo Brandon.

–Y quiero que vayas[1] al baño para hacer pipí –continuó ella–. No queremos otro accidente en la cama –le dijo su mamá con voz firme.

[1]*que vayas - that you go*

Capítulo 6

Brandon tenía vergüenza porque su mamá mencionó la cama mojada frente a Jake. Su mamá salió del dormitorio y Brandon cerró la puerta.

– ¡¿Tú te hiciste pipí en la cama?! –exclamó Jake sorprendido.

– ¡No! –respondió Brandon irritado–. El perrito se hizo pipí en la cama… y en el clóset.

– Eeeeuuu –exclamó Jake–. ¡Y en la fortaleza!

Los pantalones de Jake estaban mojados y Jake no estaba contento. Jake salió de la fortaleza y le dijo «Adiós» a Brandon. Salió por la ventana y regresó a su casa. Brandon entró en la fortaleza y vio el líquido amarillo en el piso. Brandon decidió que el perrito ya no iba

a dormir en la cama.

Brandon fue al baño y regresó a su dormitorio. Cerró la puerta y se preparó para dormir. Pronto, Brandon se durmió. El perrito durmió en la fortaleza y Brandon durmió en la cama.

A las 7:00 de la mañana, el perrito hizo

mucho ruido. Brandon se despertó y vio al perrito. El perrito ya no estaba en la fortaleza. Brandon fue a recoger al perrito, pero había un problema. ¡Había un problema horrible! En el piso, Brandon vio... ¡popó! *«¡Ay no!»*, se dijo Brandon. «Mmm... guau... guau», dijo el perrito.

– Braaandon –llamó su mamá.

¡Qué problema! Brandon saltó de la cama, recogió al perrito y rápidamente lo llevó al clóset. Cerró la puerta del clóset y de repente, su mamá entró.

– ¡Ay! –exclamó su mamá cuando vio el

piso–. Brandon, ¡¿qué pasó?!

¡Qué vergüenza! Brandon no tenía una explicación y no le respondió a su mamá.

–Brandon –repitió su mamá–, ¿Qué pasó?... ¿Por qué te hiciste popó en el piso? ¿Estás enfermo? –le preguntó su mamá.

–Aaaa... Sí... estoy... enfermo... –Brandon le respondió con mucha vergüenza–. Lo siento[2], mamá.

–Está bien, Brandon –le dijo su mamá y entonces salió para llamar al doctor.

[2]*lo siento - I'm sorry*

Capítulo 7
Una visita al doctor

– Sí, doctor –dijo la mamá de Brandon en el teléfono–. Brandon está enfermo. ¡Se hizo pipí en la cama y se hizo pipí y popó en el piso! Pero hay más… se imagina que es un perro y hace ruidos de perrito todo el día. No quiere salir de su dormitorio y pasa todo el día solo… en su dormitorio… haciendo ruidos de perrito.

Brandon tenía mucha, mucha vergüenza. No quería ir al doctor y no quería decir que se hizo pipí y popó en el piso. ¡Qué vergüenza! Su mamá tenía razón[1]: Los perros causaban muchos problemas.

[1]*tenía razón - she was right*

– Sí, doctor –dijo su mamá por teléfono–. Ajá… sí… ok… a las 4:00. Gracias, doctor. Adiós.

Brandon estaba en la cama y el perrito estaba en el clóset. El perrito hacía ruidos y Brandon imitó al perrito: «Mmmm… guau… mmm». La mamá de Brandon entró a su dormitorio y estaba muy preocupada[2].

[2]*preocupada - worried*

– Brandon, tú vas a ir al doctor.

– Ok, mamá –le dijo Brandon frustrado–.

– El doctor dice que es importante dormir. Así que no vas a salir de este dormitorio –le dijo su mamá con voz preocupada.

Ahora, el perrito hizo ruidos fuertes. Inmediatamente, Brandon imitó al perrito y también hizo ruidos fuertes: «MMM... GUAU... MMM... GUAU».

– Brandon, cálmate –le dijo su mamá preocupada–. Duerme, Brandon.

– Sí, mamá. Quiero dormir.

– Duerme bien –le dijo su mamá y entonces salió del dormitorio.

– Mamaaá –llamó Brandon–, cierra la puerta por favor.

Su mamá cerró la puerta y Brandon saltó de la cama. Fue al clóset para recoger al perrito. Lo recogió y entró a la fortaleza. Los dos pasaron todo el día en la fortaleza. A las 3:45 p.m., la mamá de Brandon lo llamó:

–Braaaaandon... Vamos al doctor.

Brandon recogió al perrito y lo llevó al clóset.

–Adiós, Denver. Regreso pronto –le dijo Brandon a su perrito.

Brandon estaba preocupado. No quería abandonar a su perro. No quería ir al doctor y no quería decirle a otra persona que se hizo pipí y popó en el piso. ¡Qué vergüenza!

En la clínica, el doctor le hizo un examen completo. El doctor les hizo muchas preguntas a Brandon y a su mamá.

Brandon vio el reporte médico y tenía mucha vergüenza. El reporte decía: «Brandon Brown va a cumplir 9 años en dos días. Se hizo pipí y popó en el piso. También hace ruidos de perro. Su mamá está preocupada. Dice que no es normal en Brandon».

¡Qué vergüenza!

El doctor continuó el examen y al final dijo:

–Es posible que Brandon tenga un virus.

–¡¿Un virus?! –exclamó su mamá.

–Es posible. Pero no es un virus serio.

–Vamos a hacer una fiesta de cumpleaños para Brandon… en dos días –le dijo la mamá de Brandon preocupada–. ¿Cancelamos la fiesta o hay medicina para curarlo rápido?

–No, no hay medicina. La cura es… ¡dormir!

Brandon y su mamá salieron del doctor en silencio. Su mamá estaba preocupada y Brandon estaba frustrado. Él no quería cancelar su fiesta de cumpleaños y tampoco quería dormir. ¡Estaba completamente frustrado! Su mamá tenía razón: ¡Los perritos realmente causaban muchos problemas!

Capítulo 8
Decisiones

Brandon y su mamá regresaron a casa en silencio. Cuando Brandon entró a la casa, ¡el perrito estaba haciendo muchos ruidos fuertes! Al instante, Brandon hizo ruidos fuertes también: «GUAU… Mmmmm… GUAU, GUAU». Brandon continuó haciendo ruidos de perrito: «MMMmm… Guau… Mm...», pero cuando

entró a su dormitorio ya no hizo ruidos de perrito. ¡Hizo ruidos de pánico! «¡AY, AY, AY!».

El dormitorio de Brandon era un desastre, ¡un desastre completo! La fortaleza estaba en ruinas y el perrito no estaba en el clóset. Estaba en el piso, ¡destruyendo sus pantalones favoritos! También había pipí y popó en el piso. ¡Qué problema!

Brandon cerró la puerta rápidamente. Estaba muy preocupado. No quería que su mamá entrara y viera su dormitorio en ruinas. Tampoco quería que ella entrara y ¡viera a su perrito!

Lo más rápido posible, Brandon recogió a su

perrito y lo llevó al clóset. Entonces, él recogió el popó con un papel y también, organizó su dormitorio.

Ahora, Brandon estaba exhausto. Realmente quería dormir, pero el perrito hacía ruidos de nuevo. «Mmmm... guau... mmmm». Brandon fue al clóset para recoger al perrito. En ese mo-

mento, Jake entró al dormitorio por la ventana.

–Hola Brandon. ¿Cómo está Denver? –le preguntó Jake.

–¡Horrible! –le respondió Brandon irritado.

–¿Qué pasa?

Brandon le explicó todo a Jake y al final le dijo:

–Jake, ¡mi mamá quiere cancelar mi fiesta de cumpleaños!

–¡Ay, no! –le respondió Jake.

–¡Ay, sí! –exclamó Brandon–. Denver causa muchos problemas. Mi mamá tenía razón: Un perro requiere mucha responsabilidad.

–¿Ya no lo quieres? –le preguntó Jake sorprendido.

–Sí, lo quiero, pero es una responsabilidad enorme. Solo tengo 8 años…

–Vas a cumplir 9 en dos días –le respondió Jake con entusiasmo.

Jake vio que Brandon estaba muy frustrado y tuvo una solución.

–Brandon, tengo una idea. ¡Lleva al perrito al parque!

–¿Llevo a Denver al parque? ¿Y entonces?...

–Entonces, otro niño va a verlo y va a llevarlo a casa –le dijo Jake con entusiasmo.

–¡No voy a abandonarlo! –insistió Brandon.

–No vamos a abandonar a Denver. Otro niño va a adoptarlo. ¡Es una idea perfecta!

Al final, Jake persuadió a Brandon y Brandon decidió llevar al perrito al parque. Los dos niños tenían un plan secreto.

Capítulo 9
El plan secreto

A las 7:15 p.m., Jake regresó a la casa de Brandon. Jake estaba sorprendido porque Brandon ya estaba en pijama. Brandon estaba en su cama y el perrito estaba en el clóset haciendo ruidos. Brandon estaba muy nervioso. No quería salir en secreto, tampoco ¡quería salir en pijama! Pero no había otra solución. Brandon recogió al perrito y muy nervioso, salió por la

ventana con el perrito.

Los dos niños se fueron en sus bicicletas hacia el parque. El perro hacía ruidos: «Mmm... mmm... mmm». Brandon observaba a su perrito y estaba muy preocupado.

– Jake, estoy preocupado por Denver.

– Cálmate, Brandon –le respondió Jake–. Mi idea es una idea excelente.

–También estoy preocupado por mi mamá… si ella entra a mi dormitorio y ve que no estoy en la cama… ¡Ay, ay, ay!

Jake no le respondió. Él también estaba preocupado. Los dos niños continuaron hacia el parque en silencio.

Al entrar al parque, Brandon estaba muy preocupado. Observó a su perrito y le dijo: «Lo siento, Denver. Lo siento mucho». De repente, una niña exclamó con entusiasmo:

– ¡Mi perrito! ¡Mi perrito! ¡Tú tienes mi perrito!

¡Brandon estaba sorprendido! Vio a la niña y le respondió:

– Aaa… ¿Este perrito es tuyo[1]?

– ¡Sí! ¡Es obvio! ¿Ves su collar amarillo?

– Sí… pero el collar no tiene el nombre del perro, ni un número de teléfono.

– Esa parte del collar se desconectó –le explicó la niña.

La niña tenía la parte del collar y la conectó al collar. Ahora Brandon vio el

[1]*tuyo - yours*

nombre del perrito. Su nombre era 'Lucky'.

–¡Gracias! Gracias por salvar[2] a mi perrito precioso.

La niña recogió al perrito y estaba muy contenta.

–Adiós, Denv... aaa... Lucky –le dijo Brandon al perrito.

–Gracias de nuevo –le dijo la niña y salió con el perrito.

[2]*salvar - to save (for saving)*

Brandon y Jake salieron del parque y regresaron a casa lo más rápido posible. Brandon estaba muy nervioso. Silenciosamente, él entró a su dormitorio por la ventana.

Cerró la ventana y de repente… la puerta de su dormitorio se abrió… y la mamá de Brandon entró al dormitorio.

–¿Estás bien, Brandon? –le preguntó su mamá preocupada.

–Sí mamá. Estoy bien.

–Ok, Brandon… duerme bien.

–Gracias, mamá –le respondió Brandon nervioso.

Su mamá salió del dormitorio, pero Brandon la llamó de nuevo:

– Mamaaá.

– ¿Sí? –le respondió su mamá entrando de nuevo a su dormitorio.

– Lo siento. Lo siento por todo.

– Está bien, Brandon. Duerme ahora. Duerme bien.

La mamá de Brandon salió de nuevo y muy pronto, Brandon se durmió.

Capítulo 10
El cumpleaños de Brandon

A las 8:00 de la mañana, Brandon se despertó. Estaba muy contento. Ya no tenía la responsabilidad enorme de un perro. Ya no tenía un perrito que le causara problemas. Ahora la niña del parque tenía su perrito. ¡Ahora era ella quien tenía la responsabilidad de un perro! Todo estaba bien.

Contento, Brandon salió de su dormitorio.

–¿Cómo estás, Brandon? –le preguntó su mamá preocupada.

–Estoy bien, mamá. Estoy muy bien. ¡Estoy excelente! ¡Estoy fantástico!

–¿Ya no estás enfermo? –le preguntó su mamá observándolo.

–No, no estoy enfermo. Estoy bien. ¡Todo está muy bien!

Brandon respondió con mucho entusiasmo para persuadir a su mamá de no cancelar su fiesta de cumpleaños. Él notó que su mamá estaba observándolo y ahora estaba muy preocupado. No quería que su mamá cancelara su fiesta de cumpleaños.

–Mamá... –le dijo Brandon con voz preocupada–, ¿vas a cancelar mi fiesta de cumpleaños?

–¿Es necesario cancelarla?

–¡No, mamá! Estoy muy bien ahora.

–Entonces, no. No vamos a cancelar tu fiesta –le respondió su mamá.

Brandon y su mamá pasaron todo el día preparando la casa para la fiesta de cumpleaños. Decoraron la casa e hicieron pastelitos[1]. Brandon estaba muy, muy contento. ¡Qué día fantástico!

Al final del día, Brandon entró a su dormitorio y pronto, se durmió. Durmió muy bien... y cuando se despertó, no había ruidos de perrito ni problemas. Su mamá tenía razón: Los perros causan muchos problemas. Brandon ya no tenía problemas y tampoco tenía responsabilidades. Estaba muy contento.

De repente, la puerta del dormitorio se abrió y toda la familia entró.

[1]*pastelitos - cupcakes*

–Despiértate, Brandon –le dijo su mamá con entusiasmo–. ¡Feliz cumpleaños!

–Feliz cumpleaños, hermanito –le dijo su hermana.

–¡Feliz cumple, Brandon! –exclamó su papá.

Brandon estaba muy contento. Toda la familia pasó la mañana preparándose para la fiesta. Pronto, todo estaba preparado.

De repente, hubo un ruido... «Din-don». Brandon abrió la puerta y su abuela[2] entró llevando un regalo grande.

–Feliz cumpleaños, Brandi –le dijo su abuela.

–Gracias, Abuelita –le respondió Brandon, recogiendo el regalo de su abuela.

«Din don». Brandon abrió la puerta de nuevo y vio a su amiga, Jamie. Jamie entró a la casa.

[2]*abuela - grandmother*

–Hola, Brandon –le dijo Jamie–. Feliz cumpleaños.

–Gracias, Jamie –le respondió Brandon.

Entonces, muchos amigos entraron a la casa. Al final, Jake entró con sus amigos, Samuel y Manuel.

–Feliz cumpleaños –le dijeron sus amigos.

–¡Gracias! –les dijo Brandon con entusiasmo.

Había muchos amigos en la fiesta. ¡Era una

fiesta fantástica! Los niños hicieron muchas actividades y comieron mucho. ¡Comieron perros calientes[3] y comieron pastelitos! Entonces, la mamá de Brandon exclamó:

–¡Regalos!

Brandon estaba emocionado. Había muchos regalos y ¡Brandon quería abrirlos! Él abrió un regalo pequeño; era un carro elegante.

–¡Es fantástico! –exclamó Brandon–. ¡Gracias!

Entonces, Brandon recogió un regalo muy grande. Brandon lo abrió y ¡era una guitarra!

[3]*perros calientes - hot dogs*

– ¡Muchas gracias! –dijo Brandon.

Brandon abrió regalos fantásticos. Abrió regalos grandes y abrió regalos pequeños. Ya no había más regalos y los amigos de Brandon se preparaban para salir.

De repente, su papá entró llevando otro regalo. Él exclamó:

– ¡Hay un regalo más!

Brandon recogió el regalo para abrirlo. Todos sus amigos lo observaban. Brandon abrió

el regalo y vio… ¡un perrito! «Mmmm… guau, guau», dijo el perrito. «¡Ay, ay, ay!», dijo Brandon.

El Fin

Glosario

A

a - to; at
abandonar(lo) - to abandon (him/it)
abrió - s/he opened
abrirlo - to open it
abrirlos - to open them
abuela - grandma
abuelita - granny
accidente(s) - accident(s)
activa - active
actividades - activities
adiós - goodbye
admitió - s/he admitted
adoptarlo - to adopt him
ahora - now
ajá - aha
al - to the; at the
¿aló? - hello?
amarillo - yellow
amiga - friend
amigo - friend
amigos - friends
animal - animal
años - years
así (que) - so
ay - oh

B

baño - bathroom
bebé - baby
bicicleta(s) - bicycle(s)
bien - well
blanco - white

C

(perros) calientes - hotdogs
calmada - calm
cálmate - calm down
cama - bed
canal - channel
cancelamos - we cancel
cancelar - to cancel
cancelara - s/he cancel
(que) cancelara - that she cancel
cancelarla - to cancel it
capitán - captain
carro - car
casa - house
causa - s/he causes, it causes
causaban - they caused
causan - they cause

causara - s/he cause
celular - cellular
cereal - cereal
cerró - s/he closed
cierra - s/he closes
clínica - clinic
closet - closet
collar - collar
color - color
come - s/he eats, it eats
comentario - comment
comer - to eat
cómico - funny; comical
comieron - they ate
comió - s/he ate
cómo - how
como - like; as
completamente - completely
completo - complete
con - with
conectó - s/he connected
confesar - to confess
confundido - confused
confundir - to confuse
consideró - s/he considered
contenta - content; happy
contento - content; happy
contentos - content; happy
continuar - to continue
continuaron - they continued
continuó - s/he continued
conversación - conversation
correcto - correct
cuando - when
cumple (años) - s/he completes (years); has a birthday
(feliz) cumple - happy birthday
cumpleaños - birthday
(feliz) cumpleaños - happy birthday
cumplir (años) - to complete (years); to have a birthday
cura - s/he cures
curarlo - to cure it
curiosa - curious
curiosidad - curiosity
curioso - curious

D

de - from; of; about
de nuevo - again

decía - s/he was saying
decidió - s/he decided
decir - to say; to tell
decirle - to say to him; to tell him
decisiones - decisions
decoraron - they decorated
del - from the; of the
desastre - disaster
desconectó - s/he disconnected
(se) despertaba - s/he was waking up
(se) despertara - s/he wakes up
(se) despertó - s/he woke up
(que) despierte - (that) s/he wake (someone) up
despiértate - wake up
destruyendo - destroying
día - day
dice - s/he says
dijeron - they said
dijo - s/he said
(se) dijo - s/he said to her/himself
doctor - doctor
dónde - where
dormía - s/he slept
dormir - to sleep
dormitorio - bedroom
dos - two
duerme - s/he sleeps
(se) duerme - s/he falls asleep
durmieron - they slept
(se) durmió - s/he went to sleep

E

e - and
él - he
el - the
elegante - elegant
ella - she
ellos - they
emocionado - excited
en - in; on
enfermo - sick
enorme - enormous
entonces - then
entra - s/he enters
entraba - s/he was entering
entrando - entering
entrar - to enter

entrara - s/he enter
entraron - they entered
entró - s/he entered
entusiasmo - enthusiasm
era - s/he, it was
eres - you are
es - s/he is
esa - that
ese(a) - that
está - s/he is
estaba - s/he, it was
estaban - they were
estar - to be
estás - you are
este - this
estoy - I am
estuvo - s/he, it was
examen - exam
excelente - excellent
exclamó - s/he exclaimed
exhausto - exhausted
explicación - explanation
explicó - s/he explained

F

falso - false
familia - family
fantástica - fantastic
fantástico - fantastic
fantásticos - fantastic
(por) favor - please
favoritos - favorite
feliz - happy
fiesta - party
figuras - figures
(al) final - at the end
firme - firm
(por) fin - finally
fortaleza - fort
frente - front
(en)frente - in front
frustrado - frustrated
fue - s/he went
fueron - they went
fuerte(s) - strong

G

gracias - thank you
grande - big
grandes - big
guardaba - was guarding
guardando - guarding
guardián - guardian
guau guau - woof
guitarra - guitar

H

había - there was; there were

hace - s/he makes; does

(se) hace - s/he makes; s/he does

hacer - to make; to do

haces - you make

hacia - toward

hacía - s/he was making; doing

haciendo - making; doing

hámster - hamster

hámsteres - hamsters

hay - there is; there are

hermana - sister

hermanito - little brother

hicieron - they made; did

hiciste - you made; you did

hizo - s/he made; s/he did

(se) hizo - s/he made; s/he did

hola - hello

horrible - horrible

horribles - horrible

hubo - there was

I

iba - s/he was going

idea - idea

ignoró - s/he ignored

imagina - s/he imagines

imaginación - imagination

imaginaron - they imagined

imaginó - s/he imagined

imitó - s/he imitated

importante - important

impresionado - impressed

increíble - incredible

información - information

inmediatamente - immediately

insistió - s/he insisted

inspeccionarla - to inspect it

inspeccionaron - they inspected

inspeccionó - s/he inspected

instante - instant

inteligente - intelligent

inteligentemente - intelligently

inteligentes - intelligent

interrumpió - s/he interrupted
inventar - to invent
investigar - to investigate
ir - to go
irritada - irritated
irritado - irritated

J

julio - July

L

la(s) - the
le - to/for him/her
les - to/for them
líquido - liquid
llama - s/he calls
(se) llama - s/he calls him/herself (his/her name is)
(te) llamas - you call yourself (your name is)
llamar - to call
llamas - you call
llamó - s/he called
lleva - s/he takes; s/he carries
llevando - taking; carrying
llevar - to take; to carry
llevarlo - to take it; to carry it
llévatelo - take it with you
llevo - I take; I carry
llevó - s/he took; carried
lo - it
los - them

M

mamá - mom
mañana - tomorrow
más - more
medicina - medicine
médico - doctor
mencionó - s/he mentioned
mi - my
militares - military
minutos - minutes
mojada - wet
mojados - wet
momento - momento
mucha - much; a lot
muchas - many
mucho(s) - a lot; many
muy - very

N

necesario - necessary

negro - black
nervioso - nervous
ni - neither; nor
niña - girl
niñas - girls
niño - boy
niños - boys; children
no - no
nombre - name
normal - normal
normalmente - normally
notó - s/he noted
nuevo - new
número - number

O

o - or
observaba - s/he observed
observaban - they observed
observándolo - observing him
observaron - they observed
observó - s/he observed
obvio - obvious
organizó - s/he organized
otra - other, another
otro - other, another

P

pánico - panic
pantalones - pants
papá - dad
papel - paper
para - for
parque - park
parte - part
pasa - s/he spends; passes
pasaron - they spent; passed
pasó - s/he spent; passed
(qué) pasó - (what) happened
pastelitos - cupcakes
pequeño(s) - small
perfecta - perfect
perfecto - perfect
pero - but
perrito - puppy; little dog
perritos - little dogs
perro(s) - dog(s)
perros (calientes) - hotdogs
persona - person
personas - people
persuadió - s/he persuaded
persuadir - to persuade

pijama - pajamas
pipí - pee pee
piso - floor
plan - plan
planeta - planet
popó - poop
por - for
porque - because
posible - possible
precioso - precious
preguntas - questions
preguntó - s/he asked
(se) preguntó - s/he asked her/himself (s/he wondered)
preocupada - worried
preocupado - worried
preparado - prepared
preparando - preparing
preparándose - preparing himself; getting ready
prepararon - they prepared
preparó - s/he prepared
presidente - president
problema(s) - problem(s)
problemática - problematic
problemáticas - problematic
problemático(s) - problematic
pronto - right away
puerta - door

Q

que - that
qué - what
queremos - we want
quería - s/he wanted
quien - who
quiere - s/he wants
quieren - they want
quieres - you want
quiero - I want

R

rápidamente - quickly; rapidly
rápido - fast; rapidly
rata(s) - rat(s)
(tenía) razón - s/he was right
real - real
realidad - reality
realmente - really
recoger - to pick up

recogiendo - picking up
recogieron - they picked up
recogió - s/he picked up
regalo(s) - gifts
regresa - s/he returns
regresar - to return
regresaron - they returned
regresó - s/he returned
regreso - I return
(de) repente - suddenly
repitió - s/he repeated
reporte - report
requiere - s/he requires
respondió - s/he responded
responsabilidad - responsibility
responsabilidades - responsibilities
responsable - responsible
rojo - red
ruido(s) - noise(s)
ruinas - ruins

S

salieron - they left
salió - s/he left
salir - to leave
saltó - s/he jumped
salvar - to save (to provide salvation)
se - to/for himself; herself; oneself
secreto - secret
serio - serious
si - if
sí - yes
silencio - silence
silenciosamente - silently
(lo) siento - I'm sorry
situación - situation
solamente - only
solo - alone; only
solución - solution
son - they are
sorprendida - surprised
sorprendido - surprised
soy - I am
su(s) - his; hers; theirs

T

también - also; too
tampoco - either; neither
te - to/for you
teléfono - telephone
televisión - television
tenga - s/he have

(que) tenga - (that) s/he have
tengo - I have
tenía - s/he had
tenían - they had
tiene - s/he has
tienen - they have
tienes - you have
tigre - tiger
toda - all
todo(s) - all; everyone
tú - you
tu - your
tuyo - yours

U

un(a) - a; an
una - a; an
unas - some
unos - some

V

va - s/he goes
vámonos - let's go
vamos - we go
vas - you go
vayas - you go
(que) vayas - (that) you go
ve - s/he sees
(que) vea - (that) s/he see
ventana - window
ver - to see
vergüenza - embarrassment
(tenía) vergüenza - s/he is embarrassed
verlo - to see it
ves - you see
vi - I saw
viera - s/he see
vieron - they saw
vio - s/he saw
virus - virus
visita - s/he visits
voy - I go
voz - voice

Y

y - and
ya - already
yo - I

To read
'Brandon Brown
quiere un perro'
in past tense,
turn book over and
read from front cover.

A NOTE TO THE READER

This fictitious Comprehension-based™ reader is based on 104 high-frequency words in Spanish. It contains a *manageable* amount of vocabulary and numerous cognates (words that are similar in two languages), making it an ideal first read for beginning language students.

There are two versions of this book under one cover. The past tense version is narrated completely in the past, with dialogue in the appropriate tense. The present tense version is narrated in present tense with dialogue in the appropriate tense.

All vocabulary is listed in the glossary at the end of each version. Keep in mind that many verbs are listed in the glossary more than once, as most appear throughout the story in various forms and tenses. (Ex.: I go, he goes, let's go, etc.) Vocabulary that would be considered beyond a 'novice-low' level is footnoted within the text, and the meanings given at the bottom of the page where each occurs.

The opinions and events in this story do not reflect or represent the opinions or beliefs of Fluency Matters. This novel is intended for educational entertainment only. We hope you enjoy reading it!

Brandon Brown quiere un perro

Cover and Chapter Art by
Robert Matsudaira

by

Carol Gaab

ISBN: 978-1-935575-94-8

Fluency Matters, P.O. Box 11624, Chandler, AZ 85248

info@FluencyMatters.com • FluencyMatters.com

Índice

THIS IS THE PRESENT TENSE
VERSION OF THIS BOOK.
TO READ THIS BOOK IN
PAST TENSE,
TURN BOOK OVER AND READ
FROM FRONT COVER.

Capítulo 1
Brandon quiere un perro

Brandon quiere un perro. Quiere un perro grande. ¡Quiere un perro muy grande! Quiere un perro muy grande como Clifford, pero no quiere un perro rojo como Clifford. Brandon no quiere un perro rojo, quiere un perro de un color normal. Quiere un perro blanco o un perro negro. ¡Quiere un perro grande!

Su hermana, Katie, tiene una rata, pero Brandon no quiere una rata. Las ratas son horribles. Brandon no quiere una rata horrible. ¡Brandon quiere un perro!

Su amiga, Jamie, tiene un hámster, pero Brandon no quiere un hámster. Los hámsteres son horribles también[1]. Brandon no quiere un hámster horrible. ¡Brandon quiere un perro!

Su amigo, Jake, tiene un perro. El perro de Jake es grande y es inteligente también. Brandon quiere un perro como el perro de Jake. Quiere un perro grande

[1]*también - also, too*

e[2] inteligente.

Los hámsteres no son inteligentes. Las ratas no son inteligentes tampoco[3]. Pero los perros sí son inteligentes y ¡Brandon quiere un perro inteligente! ¡Quiere un perro grande e inteligente!

En el parque, hay muchos perros. Brandon ve los perros y exclama: «¡Yo quiero un perro!». Ve un perro negro y exclama: «¡Quiero un perro negro!». Ve un perro blanco y exclama: «¡Quiero un perro blanco!». Ve un perro grande y exclama: «¡Quiero un perro grande!». Ve un

[2]*e - and (used before a word that starts with 'i' or 'y')*
[3]*tampoco - either, neither*

perro pequeño y exclama: «Quiero un perro, pero no quiero un perro pequeño. ¡Quiero un perro grande!».

Brandon ve muchos perros en la televisión también. En el canal 20, Brandon ve 'Marley y yo'. Brandon exclama: «¡Marley es un perro perfecto! Quiero un perro como Marley». En el canal 30, Brandon ve 'Beethoven'.

Brandon exclama con entusiasmo: «¡Quiero un perro como Beethoven!». En el canal Planeta Animal, Brandon ve muchos perros. Ve perros grandes y perros pequeños. Brandon exclama: «¡Ay, ay, ay! ¡Quiero un peerrrrooooo!».

Capítulo 2
¡Perros, no!

–Mamá –dice Brandon–, quiero un perro. ¡Quiero un perro grande!

–Brandon, un perro requiere mucha responsabilidad –responde su mamá.

–Sí mamá. Yo soy responsable.

–Brandon, tú sólo tienes 8 años. Un perro es una responsabilidad enorme para un niño de 8 años.

–Correcto –le responde Brandon inteligentemente–. Sí, un perro es una responsabilidad enorme para un niño de 8

años. Pero no es una responsabilidad enorme para un niño de 9 años.

–Ji, ji, ji. Brandon, tú eres muy inteligente –le dice su mamá.

–Sí mamá. ¡Y soy responsable también!

Brandon tiene 8 años, pero va a cumplir[1] 9. Su cumpleaños es el 3 de julio. Brandon quiere un perro para su cumpleaños. ¡Un perro es un regalo de cumpleaños[2] perfecto!

–Mamá, quiero un perro para mi cumpleaños.

–¿Un perro para tu cumpleaños?

[1]*cumplir - complete*

[2]*regalo de cumpleaños - birthday present*

–¡Sí, mamá! –exclama Brandon con entusiasmo–. Quiero un perro grande para mi cumpleaños.

–Brandon, los perros son problemáticos.

–¿Problemáticos? –le dice Brandon confundido.

–Sí, Brandon. Los perros causan problemas. Son muy problemáticos.

Brandon es muy inteligente. Él considera el comentario de su mamá y le responde:

–Mamá, ¿no quieres un perro porque los perros son problemáticos?

–Correcto. No quiero un perro porque los perros son problemáticos, ¡son muy problemáticos! –le responde su mamá.

–Pero las ratas son problemáticas también. La rata de Katie es problemática y Katie tiene una rata…

–Brandon, las ratas causan problemas pequeños y ¡los perros causan problemas grandes! –le dice su mamá.

–El perro de Jake no causa problemas. El perro de Jake es el guardián de la familia. ¡Su perro es fantástico!

La mamá de Brandon está irritada. Ella no quiere un perro y no quiere continuar la conversación. Pero Brandon continúa la conversación con mucho entusiasmo:

–Mamá, yo quiero un perro como el perro de Jake. Quiero un perro grande.

–Los perros grandes causan problemas grandes –le responde su mamá irritada–. Un perro requiere mucha responsabilidad.

–Mamá, voy a cumplir 9 años. Estoy preparado para la responsabilidad. Yo soy responsable.

La mamá de Brandon no le responde y Brandon continúa:

–No quiero un Xbox® y tampoco quiero un teléfono celular. Solamente quiero un perro. ¡Por favor, mamá, quiero un perro para mi cumpleaños!

En ese momento, el teléfono interrumpe la conversación. *«Drin, drin»* Brandon quiere continuar la conversación, pero su mamá no. Ella va por el teléfono y dice: «Alo…» en el teléfono. Ella ignora a Brandon y Brandon no está contento. ¡Realmente quiere un perro!

Capítulo 3
Un perrito para Brandon

Brandon se va en su bicicleta.

–Adiós, Brandon –le dice su mamá–. Regresa a las 8:00 p.m.

–Ok, mamá. Regreso a las 8:00. Adiós.

Brandon le dice «adiós» a su mamá y va a la casa de Jake. Ve a su amigo y a su perro,

Tigre, en frente de la casa.

– Hola Jake. Hola Tigre –les dice Brandon.

– Hola Brandon –le responde Jake.

Tigre salta y exclama: *«¡guau, guau!»* con entusiasmo. Brandon está impresionado y dice:

– ¡Uau! ¡Tigre es muy inteligente!

– Sí –responde Jake–. Tigre es un perro muy inteligente.

– ¿Tigre causa problemas?

– No, no causa problemas –le responde Jake, curioso.

– Mi mamá dice que los perros causan muchos problemas.

– ¡Falso! No todos los perros causan problemas. Tigre no causa problemas. ¡Es un perro perfecto! –le dice Jake.

– ¡Quiero un perro como Tigre! –exclama Brandon.

Los dos niños se van al parque en sus bicicletas.

– ¡Guau guau! –dice Tigre.

– Adiós, Tigre –le responde Brandon.

En el parque, hay muchas personas y muchos perros también. Brandon y Jake ven perros grandes y perros pequeños. Ellos pasan por el parque en sus bicicletas. De repente, un perrito pasa frente a ellos. Brandon ve al perrito

y exclama:

–¡AY! ¡Un perrito!

El perrito tiene un collar amarillo. Brandon recoge al perrito y le dice:

–Hola perrito. ¿Cómo te llamas?

Brandon y Jake inspeccionan el collar, pero el collar no tiene información. No tiene un nombre[1] ni tiene un número de teléfono.

–Su collar no tiene un nombre –dice Brandon.

–Tampoco tiene un número de teléfono

[1]*nombre - name*

–dice Jake.

–Oooo… ¿Dónde está tu mamá? –le pregunta Brandon al perrito.

Los dos niños observan los perros en el parque. Observan perros grandes y observan perros pequeños, pero no ven la mamá del perrito. Brandon y Jake pasan 30 minutos con el perrito. Entonces, Brandon exclama:

–Ya son las 7:45. ¡Vámonos[2]!

–¿Y el perrito? –le pregunta Jake–. ¿No vas a llevarlo a casa?

–¿A llevarlo… a mi casa? –le responde Brandon sorprendido.

–¡Sí! –insiste Jake–. ¡Llévatelo[3] a casa!

Brandon realmente quiere llevarlo a casa, pero está nervioso. Su mamá no quiere un perro.

–Brandon, ¿quieres un perro o no? –le pregunta Jake irritado.

[2]*vámonos - let's go, let's get going*

[3]*llévatelo - take it with you*

–Aaa... sí... pero mi mamá, no... –le responde Brandon nervioso.

–Brandon, ¡llévatelo! –interrumpe Jake–. Tú no tienes un perro y este perrito no tiene un niño. Es una situación perfecta. ¡Llévatelo! –exclama Jake.

Al final, Jake persuade a Brandon. Brandon decide llevar el perrito a casa. Decide llevarlo... en secreto. Brandon recoge el perrito y nervioso, se va en su bicicleta.

Brandon regresa a casa a las 7:59 p.m. Entra a la casa silenciosamente. No ve a su hermana. Tampoco ve a su mamá, ni a su papá. Rápidamente, Brandon lleva el perrito a su dormitorio. ¡Está muy nervioso!

– Braaaandon –le llama su mamá–. ¿Dónde estás?

– En mi dormitorio –responde Brandon nervioso.

– ¿Estás bien? –le pregunta su mamá curiosa.

– Sí, mamá –le responde Brandon. Estoy muy bien. Ji ji ji.

Brandon cierra la puerta de su dormitorio, observa a su perrito y está muy, muy contento.

Capítulo 4
El perrito de Brandon

Brandon lleva a su perrito a la cama. El perrito se duerme rápidamente. Brandon se duerme rápidamente también. Los dos duermen y están muy contentos.

A las 5:00 de la mañana, el perrito hace ruidos[1] y Brandon se despierta. Brandon observa a su perrito. El perrito hace ruidos, pero no se despierta. El perro hace ruidos y duerme.

[1] *ruidos - noises*

Brandon observa a su perrito y está muy contento. Continúa observándolo unos minutos y entonces se duerme de nuevo.

A las 7:00 de la mañana, el perrito hace ruidos de nuevo. El perrito se despierta y Brandon se despierta también. Brandon observa a su perrito y ve que ¡la cama está mojada[2]! Brandon inspecciona la cama y ve que está ¡muy mojada! La pijama de Brandon está mojada también. ¡Qué problema! Brandon salta de la cama y exclama:

– ¡Ay, ay, ay! El perrito se hizo[3] pipí en la cama.

[2]*mojada - wet*
[3]*se hizo - he made*

El perrito observa a Brandon y hace ruidos. ¡Hace muchos ruidos! «Mmm... guau, guau.»

–¿Quieres comer?... ¿quieres cereal? –le pregunta Brandon.

En realidad, Brandon quiere cereal. Él recoge a su perrito, lo lleva al closet y cierra la puerta del closet. «Mmm...guau, guau...mmm.» El perrito hace ruidos y Brandon le dice:

–Sshhh. Voy por cereal. Regreso pronto[4].

Brandon va por cereal. Él cierra la puerta de su dormitorio porque el perrito está haciendo mucho ruido. Brandon está nervioso. No quiere que el perrito despierte a la familia. Rápidamente, Brandon recoge el cereal y lo lleva a su dormitorio.

[4]*pronto - soon*

Su mamá lo observa y va al dormitorio de Brandon para investigar. Ella entra a su dormitorio. Brandon la ve y está muy nervioso porque el perrito está haciendo mucho ruido. Brandon tiene una solución: Él hace ruidos como un perrito:

–Mmmm... guau, guau –dice Brandon.

–Brandon, ¿por qué haces ruidos como un perrito? –le pregunta su mamá.

–Porque quiero un perro. Ji, ji, ji. Yo soy un perro. Mmmm... mmm –le responde Brandon.

–Ji, ji, ji. Brandon, tú tienes una imaginación activa.

La mamá de Brandon no nota los ruidos del perrito, pero sí, nota que la cama está mojada. Va a la cama para inspeccionarla y nota que ¡está muy mojada!

–Brandon –exclama su mamá sorprendida–, ¿te hiciste pipí en la cama?

Brandon está nervioso. Él no quiere confesar que hay un perrito en el closet. Quiere inventar una explicación perfecta, pero no hay. Así que Brandon le responde con voz[5] de perrito:

–Ah… mmm… guau, guau… Sí, mamá.

– Ooohhh –le dice su mamá con voz calmada–. Muchos niños tienen accidentes. Es normal.

Brandon tiene vergüenza[6]. Él admite que se hacía pipí en la cama a los 7 años, pero ahora no se hace pipí. ¡Él ya no se hace pipí en la

[5]*voz - voice*

[6]*tiene vergüenza - he has embarrassment (he is embarrassed)*

cama! Brandon no quiere decir que se hizo pipí, pero tampoco quiere confesar que tiene un perrito en el closet. El perrito hace muchos ruidos, así que Brandon hace muchos ruidos también.

–Mmmm…mmmm…mmm –dice Brandon con mucha vergüenza.

En este momento, hay otro ruido en la casa…*«Drin, drin»*. Es el teléfono. Su mamá va por el teléfono y rápidamente, Brandon cierra la puerta de su dormitorio. Él va al closet para recoger a su perrito. Cuando lo recoge ve que el perrito se hizo pipí en el closet también. ¡Ay, ay, ay!

Capítulo 5
Capitán Brandon

Brandon está en su dormitorio. Él decide que no va a salir de su dormitorio en todo el día. No va a salir porque no quiere abandonar a su perrito. Quiere estar con su perrito todo el día.

Brandon tiene una imaginación activa. Hace una fortaleza y se imagina que él es el capitán

de la fortaleza y el perrito es el perro guardián de la fortaleza. En realidad, su perrito no guarda la fortaleza. Su perrito duerme. ¡Duerme mucho!

A las 12:00 p.m., la mamá de Brandon lo llama:

–Braaaandon, Kaaaatie… ¿Quieren comer?

–Sí, mamá –le responde la hermana de Brandon.

Brandon quiere comer, pero no quiere comer con su hermana; quiere comer con su perrito en su dormitorio. Él le dice a su mamá:

– Mamá, quiero comer en mi dormitorio. Quiero comer en mi fortaleza. ¿Está bien?

–Ji, ji, ji… Está bien, Brandon, tienes una imaginación activa.

–Yo quiero comer con Brandon en su fortaleza –le dice Katie a su mamá.

¡Ay, ay, ay! Brandon no está contento. No quiere comer con su hermana. ¡No quiere que su hermana vea su perrito! ¡Su perrito es un secreto!

–Mamaaaaá –dice Brandon irritado–, no quiero comer con Katie. Quiero comer solo. Soy el capitán de la fortaleza y el capitán no come con niñas.

–Está bien, Capitán –le dice su mamá.

Katie come con su mamá y Brandon come con su perrito en su fortaleza. No sale de su dormitorio en todo el día.

A las 6:00 p.m., el papá de Brandon regresa a la casa y la mamá llama a Katie y a Brandon de nuevo:

–Braaaandon, Kaaaatie… Papá ya está en casa. ¿Quieren comer?

Katie va para ver a su papá, pero Brandon no. Brandon no sale de su dormitorio. No quiere abandonar a su perrito, así que llama a su mamá:

–Mamaaaaá, quiero comer en mi fortaleza.

–No, Brandon. Tú vas a comer con la familia –le dice su mamá con voz firme.

–Pero mamaaaá, soy el capitán –le dice Brandon irritado.

–Y tu papá es el presidente. Tú vas a comer con el presidente. Ji, ji, ji.

Brandon recoge a su perrito y sale de su

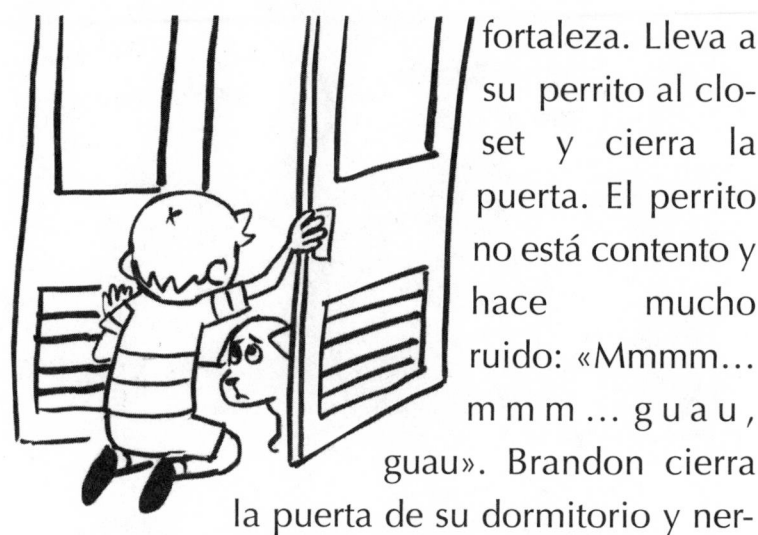

fortaleza. Lleva a su perrito al closet y cierra la puerta. El perrito no está contento y hace mucho ruido: «Mmmm… mmm… guau, guau». Brandon cierra la puerta de su dormitorio y nervioso, va para comer con la familia.

Brandon no come mucho porque está nervioso. El perrito está haciendo mucho ruido: «Mm… mmm… guau, guau». Brandon también hace ruidos de perrito: «Mmmm… guau, guau... mmm».

–Brandon, ¿por qué haces ruidos como un perrito? –le pregunta su papá curioso.

–Ji, ji ji… Porque Brandon es un perro –le responde su mamá.

–Ja, ja, ja ¡Qué imaginación! –exclama su papá.

–Brandon tiene una imaginación de bebé –dice Katie irritada.

En este momento, el perrito hace un ruido muy fuerte: «Mmm... guau... guau». Rápidamente, Brandon imita al perro y hace un ruido muy fuerte también: «Mmm... guau... guau». Los dos continúan haciendo ruidos fuertes: «Mmmm... guau... mmmm... mmmm... guau».

–¡Ya, Brandon! No más. No más ruidos, ¡por favor! –le dice Katie irritada.

–Mmm... Quiero regresar... mmm... a la fortaleza... guau... por favor, mamá –le dice Brandon con voz de perrito.

–¡Sí, por favor! –exclama Katie–. ¡Regresa a la fortaleza!

–Está bien, Capitán –le dice su mamá–. Regresa a la fortaleza. Ji, ji, ji.

Rápidamente, Brandon regresa a su dormitorio, haciendo ruidos de perrito para confundir a su familia. Ellos no tienen ni idea de que hay un perrito en el dormitorio de Brandon. No tienen ni idea de que un perrito real hace ruidos también. Brandon cierra la puerta de su dormitorio y se dice: «*Mmm... guau... ji, ji, ji*».

Capítulo 6
Un secreto problemático

Brandon recoge a su perro del closet y lo lleva a la fortaleza. Entran en la fortaleza y pronto, hay un ruido. Brandon sale de la fortaleza para investigar el ruido. Ve a Jake por la ventana.

–¿Cómo está el perrito? –le pregunta Jake.

–¡Increíble! –le responde Brandon.

Jake pasa por la ventana y entra al dormitorio de Brandon. Jake es muy cómico y normalmente entra por la ventana.

Los dos entran en la fortaleza. Jake ve al perrito y le dice:

–Hola... aaaa... perrito. Brandon, ¿cómo se llama tu perrito? –le pregunta Jake con curiosidad.

–Aaaa... se llama... aaa... Se llama... ¡Denver!

–Hola, Denver –le dice Jake al perrito.

– Mmm... mmm –dice el perro.

– Ji, ji, ji. Denver es muy inteligente –dice Jake.

Ahora el perro no hace ruidos. Sólo duerme. Jake y Brandon recogen unas figuras militares y se imaginan que están guardando la fortaleza. Están contentos.

De repente, la mamá de Brandon entra al dormitorio. ¡Qué pánico! Brandon sale rápidamente de la fortaleza.

–¿Sí, mamá? –le pregunta Brandon con pánico.

–Capitán, ¡a dormir!

–Ok, mamá –le dice Brandon.

–Y quiero que vayas[1] al baño para hacer pipí –continúa ella–. No queremos otro accidente en la cama –le dice su mamá con voz firme.

[1] *que vayas - that you go*

Brandon tiene vergüenza porque su mamá mencionó la cama mojada frente a Jake. Su mamá sale del dormitorio y Brandon cierra la puerta.

– ¡¿Tú te hiciste pipí en la cama?! –exclama Jake sorprendido.

– ¡No! –responde Brandon irritado–. El perrito se hizo pipí en la cama… y en el closet.

– Eeeeuuu –exclama Jake–. ¡Y en la fortaleza!

Los pantalones de Jake están mojados y Jake no está contento. Jake sale de la fortaleza y le dice «Adiós» a Brandon. Sale por la ventana y regresa a su casa. Brandon entra en la fortaleza y ve el líquido amarillo en el piso. Brandon decide que el perrito ya no va a dormir en la

cama.

Brandon va al baño y regresa a su dormitorio. Cierra la puerta y se prepara para dormir. Pronto, Brandon se duerme. El perrito duerme en la fortaleza y Brandon duerme en la cama.

A las 7:00 de la mañana, el perrito hace

mucho ruido. Brandon se despierta y ve al perrito. El perrito ya no está en la fortaleza. Brandon va a recoger al perrito, pero hay un problema. ¡Hay un problema horrible! En el piso, Brandon ve… ¡popó! *«¡Ay no!»*, se dice Brandon. «Mmm... guau... guau», dice el perrito.

– Braaandon –llama su mamá.

¡Qué problema! Brandon salta de la cama, recoge al perrito y rápidamente lo lleva al closet. Cierra la puerta del closet y de repente, su mamá entra.

– ¡Ay! –exclama su mamá cuando ve el piso–. Brandon, ¡¿qué pasó?!

¡Qué vergüenza! Brandon no tiene una explicación y no le responde a su mamá.

– Brandon –repite su mamá–, ¿Qué pasó?... ¿Por qué te hiciste popó en el piso? ¿Estás enfermo? –le pregunta su mamá.

– Aaaa... Sí… estoy… enfermo… –Brandon le responde con mucha vergüenza–. Lo siento[2], mamá.

– Está bien, Brandon –le dice su mamá y entonces sale para llamar al doctor.

[2]*lo siento - I'm sorry*

Capítulo 7
Una visita al doctor

–

Sí, doctor –dice la mamá de Brandon en el teléfono–. Brandon está enfermo. ¡Se hizo pipí en la cama y se hizo pipí y popó en el piso! Pero hay más… se imagina que es un perro y hace ruidos

de perrito todo el día. No quiere salir de su dormitorio y pasa todo el día solo… en su dormitorio… haciendo ruidos de perrito.

Brandon tiene mucha, mucha vergüenza. No quiere ir al doctor y no quiere decir que se hizo pipí y popó en el piso. ¡Qué vergüenza! Su mamá tenía razón[1]: Los perros causan muchos problemas.

[1]*tenía razón - she was right*

– Sí, doctor –dice su mamá por teléfono–. Ajá… sí… ok… a las 4:00. Gracias, doctor. Adiós.

Brandon está en la cama y el perrito está en el closet. El perrito hace ruidos y Brandon imita al perrito: «Mmmm… guau… mmm». La mamá de Brandon entra a su dormitorio y está muy preocupada[2].

[2]*preocupada - worried*

– Brandon, tú vas a ir al doctor.

– Ok, mamá –le dice Brandon frustrado–.

– El doctor dice que es importante dormir. Así que no vas a salir de este dormitorio –le dice su mamá con voz preocupada.

Ahora, el perrito hace ruidos fuertes. Inmediatamente, Brandon imita al perrito y hace ruidos fuertes también: «MMM... GUAU... MMM... GUAU».

– Brandon, cálmate –le dice su mamá preocupada–. Duerme, Brandon.

– Sí, mamá. Quiero dormir.

– Duerme bien –le dice su mamá y entonces sale del dormitorio.

– Mamaaá –llama Brandon–, cierra la puerta por favor.

Su mamá cierra la puerta y Brandon salta de la cama. Va al closet para recoger al perrito. Lo recoge y entra a la fortaleza. Los dos pasan todo

el día en la fortaleza. A las 3:45 p.m., la mamá de Brandon lo llama:

–Braaaaandon... Vamos al doctor.

Brandon recoge al perrito y lo lleva al closet.

–Adiós, Denver. Regreso pronto –le dice Brandon a su perrito.

Brandon está preocupado. No quiere abandonar a su perro. No quiere ir al doctor y no quiere decirle a otra persona que se hizo pipí y popó en el piso. ¡Qué vergüenza!

En la clínica, el doctor le hace un examen completo. El doctor les hace muchas preguntas a Brandon y a su mamá.

Brandon ve el reporte médico y tiene mucha vergüenza. El reporte dice: «Brandon Brown va a cumplir 9 años en dos días. Se hizo pipí y popó en el piso. También hace ruidos de perro. Su mamá está preocupada. Dice que no es normal en Brandon». ¡Qué vergüenza!

El doctor continúa el examen y al final dice:

–Es posible que Brandon tenga un virus.

–¡¿Un virus?! –exclama su mamá.

–Es posible. Pero no es un virus serio.

–Vamos a hacer una fiesta de cumpleaños para Brandon... en dos días –le dice la mamá de Brandon preocupada–. ¿Cancelamos la fiesta o hay medicina para curarlo rápido?

–No, no hay medicina. La cura es…¡dormir!

Brandon y su mamá salen del doctor en silencio. Su mamá está preocupada y Brandon está frustrado. Él no quiere cancelar su fiesta de cumpleaños y no quiere dormir tampoco. ¡Está completamente frustrado! Su mamá tenía razón: ¡Los perritos realmente causan muchos problemas!

Capítulo 8
Decisiones

Brandon y su mamá regresan a casa en silencio. Cuando Brandon entra a la casa, ¡el perrito está haciendo muchos ruidos fuertes! Al instante, Brandon hace ruidos fuertes también: «GUAU... MMMMmm... GUAU, GUAU».

Brandon continúa haciendo ruidos de perrito: «MMMmm... Guau... Mmmm...», pero cuando entra a su dormitorio ya no hace ruidos de perrito. ¡Hace ruidos de pánico! «¡AY, AY, AY!»

El dormitorio de Brandon es un desastre, ¡un desastre completo! La fortaleza está en ruinas y el perrito no está en el closet. Está en el piso, ¡destruyendo sus pantalones favoritos! También hay pipí y popó en el piso. ¡Qué problema!

Brandon cierra la puerta rápidamente. Está muy preocupado. No quiere que su mamá entre y vea su dormitorio en ruinas. Tampoco quiere que ella entre y ¡vea a su perrito!

Lo más rápido posible, Brandon recoge a su perrito y lo lleva al closet. Entonces, él recoge el popó con un papel y también, organiza su dormitorio.

Ahora, Brandon está exhausto. Realmente quiere dormir, pero el perrito hace ruidos de nuevo. «Mmmm... guau... mmmm». Brandon

va al closet para recoger al perrito. En ese momento, Jake entra al dormitorio por la ventana.

–Hola Brandon. ¿Cómo está Denver? –le pregunta Jake.

–¡Horrible! –le responde Brandon irritado.

–¿Qué pasa?

Brandon le explica todo a Jake y al final le dice:

–Jake, ¡mi mamá quiere cancelar mi fiesta de cumpleaños!

–¡Ay, no! –le responde Jake.

–¡Ay, sí! –exclama Brandon–. Denver causa muchos problemas. Mi mamá tenía razón: Un perro requiere mucha responsabilidad.

–¿Ya no lo quieres? –le pregunta Jake sorprendido.

–Sí, lo quiero, pero es una responsabilidad enorme. Sólo tengo 8 años…

–Vas a cumplir 9 en dos días –le responde Jake con entusiasmo.

Jake ve que Brandon está muy frustrado y tiene una solución.

–Brandon, tengo una idea. ¡Lleva al perrito al parque!

–¿Llevo a Denver al parque? ¿Y entonces?...

–Entonces, otro niño va a verlo y va a llevarlo a casa –le dice Jake con entusiasmo.

–¡No voy a abandonarlo! –insiste Brandon.

–No vamos a abandonar a Denver. Otro niño va a adoptarlo. ¡Es una idea perfecta!

Al final, Jake persuade a Brandon y Brandon decide llevar el perrito al parque. Los dos niños tienen un plan secreto.

Capítulo 9
El plan secreto

A las 7:15 p.m., Jake regresa a la casa de Brandon. Jake está sorprendido porque Brandon ya está en pijama. Brandon está en su cama y el perrito está en el closet haciendo ruidos. Brandon está muy nervioso. No quiere salir en secreto, tampoco ¡quiere salir en pijama! Pero no hay otra solución. Brandon recoge al perrito y

muy nervioso, sale por la ventana con el perrito.

Los dos niños se van en sus bicicletas hacia el parque. El perro hace ruidos: « M m m … m m m … mmm». Brandon observa a su perrito y está muy preocupado.

– Jake, estoy preocupado por Denver.

– Cálmate, Brandon –le responde Jake–. Mi idea es una idea excelente.

–También estoy preocupado por mi mamá... si ella entra a mi dormitorio y ve que no estoy en la cama... ¡Ay, ay, ay!

Jake no le responde. Él está preocupado también. Los dos niños continúan hacia el parque en silencio.

Al entrar al parque, Brandon está muy preocupado. Observa a su perrito y le dice: «Lo siento, Denver. Lo siento mucho». De repente, una niña exclama con entusiasmo:

– ¡Mi perrito! ¡Mi perrito! ¡Tú tienes mi perrito!

¡Brandon está sorprendido! Ve a la niña y le responde:

– Aaa… ¿Este perrito es tuyo[1]?

– ¡Sí! ¡Es obvio! ¿Ves su collar amarillo?

– Sí… pero el collar no tiene el nombre del perro, ni un número de teléfono.

– Esa parte del collar se desconectó –le explica la niña.

La niña tiene la parte del collar y la conecta al collar. Ahora Brandon

[1] *tuyo - yours*

ve el nombre del perrito. Su nombre es 'Lucky'.

–¡Gracias! Gracias por salvar[2] a mi perrito precioso.

La niña recoge al perrito y está muy contenta.

–Adiós, Denv... aaa... Lucky –le dice Brandon al perrito.

–Gracias de nuevo –le dice la niña y sale con el perrito.

[2]*salvar - to save (for saving)*

Brandon y Jake salen del parque y regresan a casa lo más rápido posible. Brandon está muy nervioso. Silenciosamente, él entra a su dormitorio por la ventana.

Cierra la ventana y de repente… la puerta de su dormitorio se abre... y la mamá de Brandon entra al dormitorio.

– ¿Estás bien, Brandon? –le pregunta su mamá preocupada.

– Sí mamá. Estoy bien.

– Ok, Brandon… duerme bien.

– Gracias, mamá –le responde Brandon nervioso.

Su mamá sale del dormitorio, pero Brandon la llama de nuevo:

– Mamaaá.

– ¿Sí? –le responde su mamá entrando de nuevo a su dormitorio.

– Lo siento. Lo siento todo.

– Está bien, Brandon. Duerme ahora. Duerme bien.

La mamá de Brandon sale de nuevo y muy pronto, Brandon se duerme.

Capítulo 10
El cumpleaños de Brandon

A las 8:00 de la mañana, Brandon se despierta. Está muy contento. Ya no tiene la responsabilidad enorme de un perro. Ya no tiene un perrito que le causa problemas. Ahora la niña

del parque tiene su perrito. ¡Ahora es ella quien tiene la responsabilidad de un perro! Todo está bien. Contento, Brandon sale de su dormitorio.

–¿Cómo estás, Brandon? –le pregunta su mamá preocupada.

–Estoy bien, mamá. Estoy muy bien. ¡Estoy excelente! ¡Estoy fantástico!

–¿Ya no estás enfermo? –le pregunta su mamá observándolo.

–No, no estoy enfermo. Estoy bien. ¡Todo está muy bien!

Brandon responde con mucho entusiasmo para persuadir a su mamá de no cancelar su fiesta de cumpleaños. Él nota que su mamá está observándolo y ahora está muy preocupado. No quiere que su mamá cancele su fiesta de cumpleaños.

–Mamá... –le dice Brandon con voz preocupada–, ¿vas a cancelar mi fiesta de cumpleaños?

–¿Es necesario cancelarla?

–¡No, mamá! Estoy muy bien ahora.

–Entonces, no. No vamos a cancelar tu fiesta –le responde su mamá.

Brandon y su mamá pasan todo el día preparando la casa para la fiesta de cumpleaños. Decoran la casa y hacen pastelitos[1]. Brandon está muy, muy contento. ¡Qué día fantástico!

Al final del día, Brandon entra a su dormitorio y pronto, se duerme. Duerme muy bien... y cuando se despierta, no hay ruidos de perrito ni problemas. Su mamá tenía razón: Los perros causan muchos problemas. Ahora, Brandon no tiene problemas y tampoco tiene responsabilidades. Está muy contento.

De repente, la puerta del dormitorio se abre y toda la familia entra.

[1]*pastelitos - cupcakes*

–Despiértate, Brandon –le dice su mamá con entusiasmo–. ¡Feliz cumpleaños!

–Feliz cumpleaños, hermanito –le dice su hermana.

–¡Feliz cumple, Brandon! –exclama su papá.

Brandon está muy contento. Toda la familia pasa la mañana preparándose para la fiesta. Pronto, todo está preparado.

De repente, hay un ruido... «Din-don». Brandon abre la puerta y su abuela[2] entra llevando un regalo grande.

–Feliz cumpleaños, Brandi –le dice su abuela.

–Gracias, Abuelita –le responde Brandon, recogiendo el regalo de su abuela.

«Din-don». Brandon abre la puerta de nuevo y ve a su amiga, Jamie. Jamie entra a la casa.

–Hola, Brandon –le dice Jamie–. Feliz cumpleaños.

[2]*abuela - grandmother*

–Gracias, Jamie –le responde Brandon.

Entonces, muchos amigos entran a la casa. Al final, Jake entra con sus amigos, Samuel y Manuel.

–Feliz cumpleaños –le dicen sus amigos.

–¡Gracias! –les dice Brandon con entusiasmo.

Hay muchos amigos en la fiesta. ¡Es una fiesta fantástica! Los niños hacen muchas actividades y comen mucho. ¡Comen perros calien-

tes[3] y comen pastelitos! Entonces, la mamá de Brandon exclama:

–¡Regalos!

Brandon está emocionado. Hay muchos regalos y ¡Brandon quiere abrirlos! Él abre un regalo pequeño; es un carro elegante.

–¡Es fantástico! –exclama Brandon–. ¡Gracias!

Entonces, Brandon recoge un regalo muy grande. Brandon lo abre y ¡es una guitarra!

–¡Muchas gracias! –dice Brandon.

[3] *perros calientes - hot dogs*

Brandon abre regalos fantásticos. Abre regalos grandes y abre regalos pequeños. Ya no hay más regalos y los amigos de Brandon se preparan para salir.

De repente, su papá entra llevando otro regalo. Él exclama:

– ¡Hay un regalo más!

Brandon recoge el regalo para abrirlo. Todos sus amigos lo observan. Brandon abre el regalo y ve… ¡un perrito! «Mmmm… guau, guau», dice el perrito. «¡Ay, ay, ay!», dice Brandon.

El Fin

Glosario

A

a - to; at

abandonar(lo) - to abandon (him/it)

abre - s/he opens

abrirlo - to open it

abrirlos - to open them

abuela - grandma

abuelita - granny

accidente - accident

activa - active

actividades - activities

adiós - goodbye

admite - s/he admits

adoptar - to adopt

ahora - now

al - to the; at the

amarillo - yellow

amigo - friend

animal - animal

años - years

así (que) - so

ay - oh

B

baño - bathroom

bebé - baby

bicicleta - bicycle

bien - well

blanco - white

(perros) calientes - hot-dogs

C

calmada - calm

cálmate - calm down

cama - bed

canal - channel

cancelamos - we cancel

cancelar - to cancel

cancelarla - to cancel it

(que) cancele - that she cancel

capitán - captain

carro - car

casa - house

causa - s/he causes, it causes

causan - they cause

celular - cellular

cereal - cereal

cierra - s/he closes
clínica - clinic
closet - closet
collar - collar
color - color
come - s/he eats, it eats
comen - they eat
comentario - comment
comer - to eat
cómico - funny; comical
cómo - how
como - like; as
completamente - completely
completo - complete
con - with
conecta - s/he connects, it connects
confesar - to confess
confundido - confused
confundir - to confuse
considera - s/he considers
contenta(o) - content; happy
continúa - s/he continues
continúan - they continue
continuar - to continue
convence - s/he convinces
conversación - conversation
correcto - correct
cuando - when
(feliz) cumple - happy birthday
cumpleaños - birthday
(feliz) cumpleaños - happy birthday
cumplir (años) - to complete (years); to have a birthday
cura - s/he cures
curarlo - to cure it
curiosidad - curiosity
curioso(a) - curious

D

de - from; of; about
de nuevo - again
decide - s/he decides
decir - to say; to tell
decirle - to say to him; to tell him
decisiones - decisions
decoran - they decorate

del - from the; of the
desastre - disaster
desconectó - s/he disconnected
(se) despierta - s/he wakes up
despiértate - wake up
(que) despierte - (that) s/he wake (someone) up
destruyendo - destroying
día - day
dice - s/he says
(se) dice - s/he says to him/herself
dicen - they say
doctor - doctor
dónde - where
dormir - to sleep
dormitorio - bedroom
dos - two
duerme - s/he sleeps
(se) duerme - s/he falls asleep
duermen - they sleep

E

e - and
él - he
el - the
elegante - elegant
ella - she
ellos - they
emocionado - excited
en - in; on
enfermo - sick
enorme - enormous
entonces - then
entra - s/he enters
entran - they enter
entrar - to enter
entre - between
entusiasmo - enthusiasm
eres - you are
es - s/he is
ese(a) - that
está - s/he is
están - they are
estar - to be
estás - you are
este - this
estoy - I am

examen - exam
excelente - excellent
exclama - s/he exclaims
exhausto - exhausted
explica - s/he explains
explicación - explanation

F

falso - false
familia - family
fantástico - fantastic
(por) favor - please
favoritos - favorite
feliz - happy
fiesta - party
figuras - figures
(por) fin - finally
(al) final - at the end
firme - firm
fortaleza - fort
(en)frente - in front
frustrado - frustrated
fuerte - strong

G

gracias - thank you
grande - big
gua gua - woof
guarda - s/he guards
guardando - guarding
guardián - guardian
guitarra - guitar

H

(se) hace - s/he makes; s/he does
hacen - they make; they do
hacer - to make; to do
haces - you make
hacia - toward
(se) hacía - s/he made; s/he did
haciendo - making; doing
halo - hello
hámster - hamster
hay - there is; there are
hermana - sister
hermanito - little brother
hiciste - you made; you did
hizo - s/he made; s/he did
hola - hello
horrible - horrible

I

idea - idea
ignora - s/he ignores
imagina - s/he imagines
imaginación - imagination
imaginan - they imagine
imita - s/he imitates
importante - important
impresionado - impressed
increíble - incredible
información - information
inmediatamente - immediately
insiste - s/he insists
inspecciona - s/he inspects
inspeccionan - they inspect
inspeccionarla - to inspect it
instante - instant
inteligente - intelligent
inteligentemente - intelligently
interrumpe - s/he interrupts
inventar - to invent
investigar - to investigate
ir - to go
irritado - irritated

J

julio - July

L

la(s) - the
le - to/for him/her
les - to/for them
líquido - liquid
llama - s/he calls
(se) llama - s/he calls him/herself (his/her name is)
llamar - to call
llamas - you call
(te) llamas - you call yourself (your name is)
lleva - s/he takes; s/he carries
llevando - taking; carrying
llevar - to take; to carry
llevarlo - to take it; to carry it
llévatelo - take it with you
llevo - I take; I carry
lo - it
los - them

M

mamá - mom
mañana - tomorrow
más - more
medicina - medicine
médico - doctor
mencionó - s/he mentioned
mi - my
militares - military
minutos - minutes
mojada - wet
momento - momento
mucho(s) - a lot
muy - very

N

necesario - necessary
negro - black
nervioso - nervous
ni - neither; nor
niño - boy; male child
niños - boys; children
nombre - name
normal - normal
normalmente - normally
nota - note
número - number

O

o - or
observa - s/he observes
observan - they observe
observándolo - observing him
obvio - obvious
organiza - s/he organizes
otro(a) - other; another

P

pánico - panic
pantalones - pants
papá - dad
papel - paper
para - for
parque - park
parte - part
pasa - s/he spends
pasan - they spend
(qué) pasó - (what) happened
pastelitos - cupcakes
pequeño - small
perfecto(a) - perfect
pero - but
perrito - puppy; little dog
perro(s) - dog(s)

perros (calientes) - hot-dogs
persona - person
persuade - s/he persuades
persuadir - to persuade
pijama - pajamas
pipí - pee pee
piso - floor
plan - plan
planeta - planet
popó - poop
por - for
porque - because
posible - possible
precioso - precious
pregunta - s/he questions, asks
preocupado - worried, preoccupied
prepara - s/he prepares
preparado - prepared
preparan - they prepare
preparando - preparing
preparándose - preparing himself; getting ready
presidente - president
problema(s) - problem(s)
problemático(s) - problematic
pronto - right away
puerta - door

Q

que - that
qué - what
queremos - we want
quien - who
quiere - s/he wants
quieren - they want
quieres - you want
quiero - I want

R

rápidamente - quickly; rapidly
rápido - fast; rapidly
rata(s) - rat(s)
(tenía) razón - s/he was right
real - real
realidad - reality
realmente - really
recoge - s/he picks up
recogen - they pick up
recoger - to pick up
recogiendo - picking up
regresa - s/he returns

regresan - they return
regresar - to return
regreso - I return
(de) repente - suddenly
repite - s/he repeats
reporte - report
requiere - s/he requires
responde - s/he responds
responsabilidad - responsibility
responsable - responsible
rojo - red
ruido - noises
ruinas - ruins

S

sale - s/he leaves
salen - they leave
salir - to leave
salta - s/he jumps
salvar - to save (to provide salvation)
se - to/for oneself
secreto - secret
serio - serious
si - if
sí - yes
silencio - silence
silenciosamente - silently
(lo) siento - I'm sorry
situación - situation
solamente - only
solo - alone
sólo - only
solución - solution
son - they are
sorprendido(a) - surprised
soy - I am
su(s) - his; hers; theirs

T

también - also; too
tampoco - either; neither
te - to/for you
teléfono - telephone
televisión - television
(que) tenga - (that) s/he have
tengo - I have
tenía - s/he had
tiene - s/he has
tienen - they have
tienes - you have
tigre - tiger
todo(s) - all; everyone
tú - you

tu - your
tuyo - yours

U

un(a) - a; an
unos (as) - some

V

va - s/he goes
vámonos - let's go
vamos - we go
van - they go
vas - you go
(que) vayas - (that) you go
ve - s/he sees
(que) vea - (that) s/he see
ven - they see
ventana - window
ver - to see
(tiene) vergüenza - s/he is embarrassed
verlo - to see it
ves - you see
virus - virus
visita - s/he visits
voy - I go
voz - voice

Y

y - and
ya - already
yo - I